AMORE

Amore

Juan Carlos Rodríguez

Número de Control de la Biblioteca del	
Congreso de EE. UU.:	2012900755
ISBN: Tapa Dura	978-1-4633-1887-1
Tapa Blanda	978-1-4633-1886-4
Libro Electrónico	978-1-4633-1885-7

**Para pedidos de copias adicionales de este libro,
por favor contacte con:**
Palibrio
1663 Liberty Drive
Suite 200
Bloomington, IN 47403
Llamadas desde los EE.UU. 877.407.5847
Llamadas internacionales +1.812.671.9757
Fax: +1.812.355.1576
ventas@palibrio.com
382724

ÍNDICE

DEDICATORIA

Para ti, AMORE, ese sentimiento que nace antes de la misma vida, que puedes dar vida y quitarla a la vez, para ti que haces ver y sentir diferente el amanecer, el cantar, mirar la luna, tomar un café. Para ti que despiertas los sentimientos escondidos y haces que otros nuevos aparezcan en el corazón.

Para ti, AMORE, te dedico los sentimientos de mi corazón.

Una palabra
Una oración
Un párrafo
Un poema
Un libro
Muchos sentimientos
Un solo amor.

RIO EN YABUCOA, PR.

Lluvia que al caer das vida, y en tu camino
arrastras lo que osa interferir con tus pasos,
llévate en ti mis pesares, arrastra en tu interior las
preocupaciones y báñame con la vida que de ti emana.

Sentimientos

Tierra fecunda con las lágrimas del corazón.

Cosecha de sentimientos, fruto eterno, deseado, consumido.

Muerte súbita, elección perfecta.

Corazón sin latir sentimiento apagado.

Sin alma el cuerpo no sufre.

6-14-10-10:25

GOTA DE AGUA

Gota de agua salida de mi ser.

Parte de mí con vida propia, pasos guiados con amor,
destino elegido por decisión personal, ley de vida.

Sufrimiento silente por tus malas decisiones.

Aparente rudeza en el semblante, corazón
de cristal quebrantado a cada instante.

Pocas palabras dichas, muchos sentimientos sin revelar.

Gota de agua salida de mí ser, parecido
innegable, nada se puede hacer.

PÉRDIDA EN EL TIEMPO

Alquimia en las manos del verdugo que
arrebata la vida del que no la quiere.

Muerte festejada por el alma apresada en el cuerpo insolente.

Tirano despiadado que viviste sin vivir, sin expresar el amor.

Sentimientos ocultos, perdidos en el
tiempo del cobarde escondido.

Que el óbito del pusilánime no despierte en su lecho el
deseo de expresar lo que en su camino dejo de revelar.

Tarde será y en la podredumbre de las vísceras se perderá
la pasión por quien se amó y no se manifestó.

6-14-10-3:39

Ashly Rodríguez, atardecer en playa de Isla Verde

Cuantas palabras puede tener en su interior un lápiz,

tantas verdades,

tantos sentimientos,

tanta vida.

¿POR QUÉ?

Por qué quitarle el vuelo al ave que nació para volar.

Como quitarle el agua al pez que sin ella moriría.

Quien quisiera quitarle el deseo al hombre
de expresar sus sentimientos,
si es todo lo que tiene.

La naturaleza no se contradice se admite.

6-14-10-3:24

ATARDECER EN JARDÍN
RIO PIEDRAS, PR.

Golpéame fuerte, pero permíteme desquitarme con una caricia.

EN EL CAMPO

Campo fértil que regalas tu verdor al ojo curioso.

Veredas que conducen a ningún lugar y llevan a todas partes.

Montañas salvadas cual alpinista con regocijo.

Danza de los árboles al ritmo de la fresca brisa.

Aves que celebran con su canto la unión
de cuerpo, alma espíritu, amor.

Bambú que imitan el cuerpo con su rose.

Olor a yerba fresca confundido con la pasión.

Inmortalidad del momento, vida eterna en el recuerdo.

6-4-10-6:14 pm

SIN VIDA

Sepultar en vida aquel que ama sin ser correspondido.

Dejar sin aliento el cuerpo que mendiga de la luna el amor.

Fuego al sentimiento no reciproco y
esparcir el dolor en el tiempo.

Quitar el sufrimiento del apesadumbrado cuerpo
y enviar el alma a vagar en el universo.

Sin amor no hay vida, mejor muerte que un vacío.

6-3-10-6:50 am

LIBERTAD

Cuerpo entregado al sacrificio del sentimiento.

Tierra fecunda por la podredumbre de quien algún día fue.

Alma liberada en tu búsqueda, parte del aire que
respiras, entrar en tu cuerpo y ser parte de ti.

Sentimientos esparcidos por tu cuerpo,
sangre fluyendo llena del ser.

Desaparecer no molesta solo por ser
parte de ti, estar en tu interior.

Llévame en ti, morir no importa si es el remedio.

6-2-10-10:54 pm

ENCUENTRO

Besos guardados en tus labios con ansias.

Sentir imborrable de tu piel en las manos,
sensación inequívoca de pasión.

Roce de cuerpos que despiertan el sentir del alma.

Lagrimas que emanan del agitado corazón por estar a tu lado.

Confusión en la despedida, alegría por lo
que fue, deseo vivo por lo que no.

Espera desesperante por un nuevo día, tenerte a
mi lado, anhelo prohibido pero inevitable.

Temor ante la creciente necesidad de tenerte,
terror a la posibilidad de perderte.

¡DIOS! Ya que me has puesto en este lugar
permíteme disfrutarlo por la eternidad.

CAMINO

Pasos en la vida que te dirigen a caminos inesperados.

Inentendible sensación de conocer lo desconocido.

Saber todo, no saber nada, locura perfecta en este lugar.

Conocer no es el fin, ya que siento conocer de toda la vida.

Entender no es necesario, vivir es lo perfecto.

Caminar este camino es el destino, descubrir
a donde llega es el motivo.

Disfrutar de cada paso es la razón,
caminar juntos es el sentimiento.

5-31-10-1:37 am

MORIR EN TUS MANOS

Vida despiadada que me has puesto a los pies de un ser divino.

Aparecido solo para desnudar mi alma y alimentarse de mí ser.

Quítame la vida con un beso y roba mi alma con tu mirada.

Se el verdugo de mi cuerpo y despedázalo
con tus manos sin piedad.

Has de mi lo que te plazca, no puedo más que ser para ti.

Prefiero morir en tus manos que vivir sin que me hayan tocado.

5-31-10-1:27 am

ÁREA ROCOSA EN LA COSTA DE PIÑONES, PR.

Incesante caminar por la vida, llena de retos y bendiciones.
Pasos cortos, pasos largos, nunca atrás.
Filo en mano en pelea constante con el destino sanguinario.
Pasos firmes, decisiones difíciles con resultados insospechados.
El final del camino, siempre el mismo, olvido.

SIN DESCANSO

Otra noche más sin poder dormir, paseando
de pensamiento en pensamiento.

Buscando en la oscuridad de la noche
respuestas a preguntas sin interpelar.

Como vampiro en la noche buscando crear mis propias historias.

Buscando descanso en las letras sin saber el por qué.

Palabras escritas como salgan, con discernimiento
o no, que importa, la noche no objeta.

5-31-10-12:43 am

LOCURA

Tranquilidad aparente en el semblante, mirada que busca
en el camino el encuentro con lo desentendido.

Sentimientos de locura que aprietan las
vísceras hasta el óbito del alma.

Correr sin sentido en todas direcciones sin llegar a ningún lado.

Deceso ante la mirada de aquel que se ama con vesania.

Ajusticiado por las manos del ángel que ha usurpado la cordura.

Espíritu en busca de la fusión eterna con esa
fuerza que desconoce pero anhela.

5-30-10-7:09 pm

Fantasía o realidad

Con ternura bese tus labios, con mis labios bese tu cuello.

Con sensaciones extrañas, nuestras manos se entrelazaron.

Y nuestros cuerpos, nuestros cuerpos se abrazaron.

Nuestras mentes vagaron en fantasías.

Todo tan bello.

No queríamos abrir nuestros ojos, ni despegar nuestros cuerpos.

5-27-10-6:01 am

ÓDIAME POR SER QUIEN SOY

Ódiame por ser quien soy, por ser yo.

Se el verdugo de mi vida y déjame sin aliento de una vez.

Mírame a los ojos mientras arrebatas mi alma, se el último rostro que mi conciencia recuerde y acompáñame a la eternidad.

Ódiame con pasión y envíame al infierno.

Adelanta mi partida, desvanece esta vida de locura.

Ten el valor de acallar mis palabras,
envíame a morar en la oscuridad.

Déjame sin vida, no tengas piedad, pero nunca me niegues tu mirada, esto no me mataría pero me haría infeliz el resto de mi vida, y no lo soportaría.

Ódiame por ser quien soy, por ser yo.

5-24-10-10:50 pm

En la noche

Catarata de estrellas que salpican la conciencia.

Manto negro que arropa el pensamiento.

Búsqueda de palabras que expresen la pasión.

Universo como lienzo, días pasados, presentes, futuros
y más para intentar expresar un solo sentimiento.

Como expresar lo que no se entiende, como gritar
sin palabras, reserva perpetua aunque duela.

Burla de la luna ante la carencia de expresión, luz en la
oscuridad que te seduce a escribir, inspiración silente.

Palabras perdidas en el universo de la lira, delirio
por expresar aunque a nadie le importe.

5-23-10-7:08 am

FRENESÍ

Frenesí adueñado del corazón, vacío en el
pecho a su vez lleno de sentimiento.

Correr, no parar, morir en la acción de
buscarte, aunque solo te vea pasar.

Vida al conocerte, deceso al no tenerte, pasión
por lo que conoces, recelo por lo que no.

Éxtasis contenido en la oscuridad de
la pasión, ¿pero hasta cuándo?

5-20-10-10:37

Nunca dejes de ser tú

Nunca dejes de ser tú, porque el mundo no sería el mismo.

No dejes de regalar tu mirada al que con ansias la espera.

El sentimiento no entiende a la razón.

Costumbre convertida en necesidad, llanto en el alma si faltara.

Vientos que se cruzan mezclando el aroma que provoca.

Palabras que fortalecen los pasos del día.

Nunca dejes de ser tú, eso mataría.

5-16-10-7:31 am

No quiero dejar de ser quien soy

No quiero dejar de ser quien soy, pero la
fuerza en mi es más grande que la razón.

No puede existir la razón sin la locura.

No puedo existir como soy si no pudiera ser diferente.

Solo se puede caminar en una dirección, correcta
o no hay que caminarla, vivirla, aceptarla.

En cada camino encontramos aciertos y desaciertos,
izquierda, derecha, poca diferencia.

5-11-10-6:43 pm

TIEMPO EXTINTO

Metal en mano, cortando el tiempo que no entiendo,
palabras sin sentido, nadie entiende, que se joda.

Viseras esparcidas por el camino, pisoteadas
por aquel que le sigue sin saber el por qué.

Que aparezca el verdugo de una vez y
ejecute su labor sin compasión.

Que las letras se esparzan y fecunden la tierra,
y los frutos extingan al osado lector.

5-13-10-11:03

A LA MEDIA NOCHE

Escritos sin sentido solo para el que los
entienda, letras que liberan sentimientos.

Palabras que cortan como el filo de la espada,
verdades que duelen, mentiras aun más.

Sentimientos desnudos expuestos sin pudor,
monzón de ternura aunque se dude.

Escritos en compañía de la luna, alma destruida
por el fuego de los ojos que me encuentran.

Campo santo a la expresión de aquel que
no quiere ser juzgado por sus letras.

Cadena perpetúa al sentir del corazón.

5-12-10-12:13 am

ME DEDIQUE A NO BUSCARTE

Me dedique a no buscarte, pero apareciste, nunca supe de
tu existencia, pero la calma de la noche te trajo a mí.

No sé cuál es tu razón de existir, pero haces que dude de la mía.

Cual mariposa revoloteando por el
campo, has usurpado mi sueño.

Realidad inalcanzable, fantasía escondida.
.
Princesa de los sueños que agobias el descanso.

De donde apareciste, si nunca quise
conocerte, ahora no quiero perderte.

Fantasía de la mente, superada solo por
la realidad de lo inalcanzable.

Me dedique a no buscarte, que hacer contigo ahora.

5-10-10-8:45 pm

TIEMPO DETENIDO

Tiempo detenido en un sentir sin definir,
miedo a no recordar quién soy.

Destino sin recuerdos marcado por un
palpitar diferente del corazón.

Morir para no sentir, morir y olvidar de una
vez y por siempre lo que agobia.

Mátame con amor, déjame sin vida mientras leo
tus sentimientos o te escribo unas letras.

Envíame a morar en otro mundo, pero no acalles tus
palabras frente a mi mientras clavas tu mirada en mi alma.

Ya lo has visto todo, ya conoces mis secretos, ya
no me queda nada, todo te lo he dicho.

No digas nada, no respondas, no trates de
entenderme, ni yo mismo me entiendo.

Ódiame, y esparce mis recuerdos en el viento de la mañana.

No sé porque te pienso, no sé porque escribo,
siento todo y no siento nada.

5-10-10-8:28 pm

Alboroto

Locura, impaciencia, desespero, alboroto en la razón.

Correr, llamar, salir, verbos sin concluir, acción solo en el corazón.

Maldita sensación de inferioridad.

De rodillas ante el que dice que te aprecia.

Solo esperar que el filo de sus palabras corte tus venas
y su rostro refleje el goce de verte agonizar.

5-08-10-8:23 pm

Amanecer en Yabucoa, PR

A veces pensamos que la vida nos dirige a caminos
difíciles, llenos de problemas e incógnitas.
Pero basta con sentarnos a mirar un poco nuestro
pasado para darnos cuenta que nuestras vivencias
nos han preparado para estar donde estamos, superar
cualquier problema y seguir nuestra vida.
Llegamos donde estamos por que podemos
seguir a donde nos dirigimos.

HABÍA OTRA VEZ

Pueblo aprueba por el destino.

Lideres empeñados en destruir los siglos levantados.

Bondades sacudidas por la imprudencia de los menos.

Unos pocos tocando a las puertas de la maldad,
algunos pasan sin resentimiento.

Imposición de criterios equivocados, guerra
maquiavélica que se lleva la inocencia de los ajenos.

Pueblo en descanso, levantamiento necesario.

Armas tomadas, solución ulterior.

Amor, compasión, entendimiento, equipo
necesario para prevalecer.

Redimir nuestro pueblo, tarea de todos.

5-6-10-6:45 pm

LUNA LLENA

No siempre se puede estar donde se quiere,

no siempre se puede estar donde se debe,

hay que vivir con lo que se tiene y disfrutarlo.

ÁNGEL DE VISITA

Ángel de visita inesperada, caminos cruzados
al azar sin razonamiento aparente.

Ojos de ángel que dicen más en una mirada
que en un cúmulo de palabras.

No sé si has venido a dirigirme o solamente a observarme pasar.

Te paseas en mis sueños seduciendo mi descanso.

Apareces en mis pensamientos cuando te antojas, sin invitación.

Ángel de visita inesperada, no sé por qué a mi has llegado,

Solo sé que no quiero que te alejes de mi lado.

5-5-10-8:40 pm

DESVELO

Palabras dichas al azar salidas del corazón, significado
anónimo, seduciendo la imaginación.

Curiosidad que mata, olor a fruta tropical
que despierta los instintos.

Palabras dichas que causan desvelo, deseos
de saber más de lo que se siente.

Escuchar mas, decir más, sentir más es todo lo que anhelo.

Respeto perpetuo a la vida en curso, sería
un placer fallar pero también injusto.

Cuanto mas esperar para volverte a admirar,
poderte escuchar o tus letras ojear.

5- 5-10-12:03 am

INMUNDICIA

Inmunda sensación de vivir en un mundo
desprovista de entendimiento.

Un mismo destino para todo terrenal, diferente travesía.

No importar lo realizado, bueno, malo,
peor, dirección escrita en la vida.

Óbito carnal, conocimiento forzado de la vida.

Hipocresía en la fe de algunos, depravación en la bondad de
aquel que solo quiere redimir su alma de los pecados disfrutados.

Locura en las palabras de aquel que dice lo que no se
entiende, discernimiento solo siendo igual o más.

Mejor no entender, que darte cuenta que vives
una locura en lo que crees cordura.

Vive sin entender, el final te encontrara en el camino,
y con suerte entenderás porque viviste.

4-27-10-9:11

COBARDE

Es inevitable no morder mis labios cuando te acercas demasiado.

Consumirme en el fuego de tu mirada
descarada, anhelando ser tocado.

Al sentir tu dulce aroma evaporarse en mi
piel me estremezco y no aguanto.

Me parece que tu sientes lo mismo, buscas
provocarme pero no te a través a ir más allá,
¡cobarde!.

SIN SENTIDO

Como pedir perdón, si no me arrepiento de haber
pecado, si con pasión he errado y me lo e disfrutado.

Daño a nadie e causado, solo a mi mismo por
tanta pasión que me tiene desconcertado.

Imaginación perversa que a mi llegas sin invitación,
llevándome a un éxtasis jamás imaginado.

Como arrepentirse de algo que tanto e disfrutado,
¿pecado?, si solo te miro y te admiro.

Es mi mente la que alza vuelo en tu cuerpo sin
control, respeto, admiración, pasión sin sentido,
locura desmedida, sin arrepentimiento, no hay perdón.

3-11-10-6:18

MARIPOSA

Preciosa mariposa, que premias al mundo con tu belleza.
Dando vida al campo con lo hermoso de tu lienzo.

Revoloteando presumida a las pupilas que te admiran.

Opacando la más hermosa flor del jardín.

Siendo solo lo que eres, "hermosa", nunca
dejes de ser tú. Te conozco pero no te conozco,
y solo puedo admirarte a la distancia.

Preciosa mariposa que te cruzas en mi camino
solo para acordarme lo maravillosa que eres.

Dejando a tu paso el aroma de tu ser, el encanto
de tu mirada, la dulzura de tu voz.

Aunque nunca te lo diga seré tu silente admirador.

3-7-10-8:00

ESCONDIDO

Pasos firmes a las pupilas curiosas, apacible
sensación de tranquilidad, magnitud insospechada,
intrínseco capricho desmedido, oculto.

Donde nadie puede ver los pensamientos
silenciados, donde nadie puede arribar.

Pretensión prohibida, alquimia enterada sin destino notificado.

La oscuridad perpetúa será testigo silente
de la más grande pasión.

Tempestad apasionada, oculta en recóndito lugar.

¿Cuanto tiempo se puede acarrear semejante vehemencia,
Cuanto?.

3-5-10

MONUMENTO NATURAL

No es lo que se diga, es cuando y como se diga.

No es importante quien lo dice, lo importante es quien lo escuche, quien lo atienda, quien lo entienda.

Si nadie entiende no importa, ya esta dicho,

si solo uno entiende definitivamente valió la pena.

PASIÓN

Una misma pasión, un mismo amor por rumbos separados.

Dejando una vida sin ocupar, besos sin
compartir, abrazos sin dedicar.

Muchas palabras pendientes de decir, muchas miradas
sin tener a que mirar, muchas palabras sin escribir.

Querer decir tanto, ¿pero a quien?, te has marchado sin
decir nada, te has llevado tu pasión y no la has compartido,
te has llevado mi pasión y me dejaste sin nada.

Una misma pasión por rumbos separados, solo el destino dirá.

PERDIDA

Deseos de todo, ganas de nada, día normal en acción.

Raciocinio distorsionado por pensamientos impuros.

Tiranía del deseo por lo desconocido, jugar con
lo que tienes, jugar con lo que no tienes,
perdida segura, complacencia peligrosa, riesgo
aceptado solo por saber lo que se siente.

4-29-10- 5:33 pm

Manos trabajadoras
(de Alberto Rodríguez)

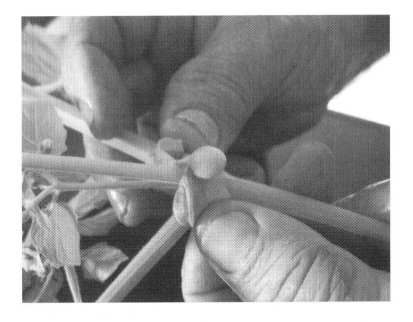

No permitas que otros escriban tu historia

LA LUCHA DEL HOMBRE

Podrán matar al hombre, pero nunca su intelecto.

Pueden quitarle toda pertenencia, pero nunca su sabiduría.

Cerrarle todo camino, pero jamás las ansias de caminar.

No hay verdugo que pueda segar la vida de un soñador.

El camino más difícil es el que se disfruta.

Madera y metal para enfrentar al discrepante.

Nadie gana, nadie pierde, solo se vive y se muere.

¿QUE HACER?

Prisionero del amor que me aprisiona un pensamiento eterno.

Atrapado en los brazos de una persona especial.

Cabalgata al destino incierto con temor a perderte.

Tenerte y no tenerte me da vida, me mata,
me destruye, me reconstruye.

Deseos de correr a tu lado sin saber que hacer al llegar.

Locura en el corazón tembloroso que solo pide tu presencia.

Grito silente al universo, diciendo a las estrellas que te amo.

6-5-10-5:11

BAMBÚS DEL JARDÍN
RIO PIEDRAS, PR.

Escuchando con desespero el gran alboroto que produce el
silencio en la mente del que por necesidad necesita descanso.

En el campo

Olor a naturaleza que embriaga el alma enamorada.

Caminar por el verdor húmedo y
refrescante como niños en retozo.

Estampa de imagen casi perfecta del árbol solitario
que observa en silencio le expresión de amor.

En un lienzo viviente mariposas revolotean
como premio a la locura del día.

En la falda de los bambús los cuerpos se
estremecen de pasión y atrevimiento.

No se siente nada más que el roce de los cuerpos.

Manos temblorosas explorando cada parte con ansias y placer.

Tiempo, detente eternamente y permite
disfrutar este momento por siempre.

6-7-10-10:48 pm

ALMA DIVIDIDA

Un alma dividida en dos cuerpos.

Dos cuerpos separados por el destino.

Caminos separados solo para prepararnos el uno para el otro.

Forma extraña en la obra divina, separados,
pero siempre juntos, vidas cautivas.

Corazones que se llaman con el fuerte latir,
miradas apasionadas, nada que decir.

Culpables solo de querernos y amarnos con pasión.

Que culpen al tal Cupido, que mi corazón te entrego.

6-9-10-10:43 pm

Naturaleza y ser humano en armonía

No hay prueba en la vida tan grande que no se pueda superar,

ni tan pequeña que no se aprenda algo de ella.

POR SIEMPRE

Recuerdos que llegan en cada respirar,
en cada paso, en cada pensar.

Momentos vividos que nunca pasaran, plasmados
en el tiempo, en la vida, por la eternidad.

No te has ido de mi vida, nunca te irás.

En mi mente, mi corazón, mi alma, siempre me acompañaras.

SUFRIMIENTO

Verdugo con cara de ángel, que has
osado desafiar al cielo y la tierra.

Que puedes llevar en tus alas al cielo o
con tu mirada a la oscuridad.

Que has destruido con tu encanto la vida de quien te ama.

Destroza de una vez el apesadumbrado cuerpo con tu
ternura, y quita de una vez el dolor de quien te sufre.

CUANDO NADIE ESCUCHA

Pasos detenidos en el tiempo por un pasado que no espira.

Sentimientos ocultos donde no se ven y solo se sienten.

Quien conoce el sufrimiento de aquel que no lo expresa

Quien siente el dolor que se oculta en la rutina

Donde entregar tanto sentimiento que
quita el aliento y deja sin vida.

Para que gritar al universo lo que se siente si nadie escucha.

6-21-2011-9:41.pm

Atardecer, playa Isla Verde

Todo en la vida pasa,
Todo en la vida se queda con nosotros por siempre.

TE EXTRAÑO

Cuantas palabras no te dije, cuantos te amo faltaron.

Tantos abrazos perdidos en el tiempo, cuantas historias faltaron.

Te fuiste y avisaste, te fuiste y lo sabia, mas no pude decirte una vez mas cuanta falta me harías.

Hoy te extraño más que nunca, recuerdos en mi mente y mi corazón han quedado.
.
Algún día te veré de nuevo, te abrasare, te besare y te diré cuanto te amo.

COMO OLVIDAR

No hay peor sufrimiento que el que se lleva en silencio,
carga más pesada que la que se carga a escondidas.

Cuanto se sufre al que no esta, cuanta
agonía por el que se marcha.

Como olvidar a alguien que te hará falta el resto de tus días.

Quien puede olvidar un rostro que esta grabado en el corazón.

CAMINANDO POR LA VIDA

Deshojando sentimientos que estremecen
los cimientos de la vida.

Escudriñando en cada suspiro le ansiedad de vivir un día más.

Buscando en cada paso la ruta que nadie conoce.

Vidas desparramadas en la vida que no se detiene.

Tiempo como verdugo del cuerpo y el alma.

Sentimientos que dan vida y te ejecutan a su paso.

PULULANDO POR LA VIDA

Pululando por la vida cabizbajo.

Buscando en el camino las pisadas que perdí.

Sentado en una esquina del destino.

Esperando la persona que no llega.

Buscando tu presencia y tú encanto en
el cielo, la luna y las estrellas.

Esperando que la brisa de la mañana me
conforte con el aroma de tu cuerpo.

Deseando que el destino me permita encontrarte en el camino,

y no morir sin verte un vez más.

FLOR SILVESTRE

Quien dijo que seria fácil.

TINTA Y PAPEL

Tinta y papel para expresar día a día lo que se
siente en el alma, el cuerpo y el corazón.

Destapando con las letras parte del dolor que se carga en silencio.

Esperando cada día que el destino me
traiga el dulce susurro de tu voz.

Y que el dulce aroma de tu cuerpo embriague
mi alma de placer una vez más.

9-16-11-5:56 am

PENSANDO

Cuando el dolor del corazón es más grande que el deseo de vivir

Cuando los sentimientos te aniquilan el alma
y te mantienen en un limbo sin salida.

Cuando pensarte duele y no pensarte duele más.

Cuando imaginarte en otro lugar te
llena de ira, dolor, frustración.

Cuando has dejado de ser tu para no ser nadie.

Cuando escribir y recordar es todo lo que te queda.

Cuando te has convertido en el fantasma olvidado de la historia.

Cuando solo estas y no vives.

En este momento es cuando te das cuenta
y reafirmas que vives enamorado.

9-21-11-6:04 am

SIRVIENTE DEL AMOR

Sirviente del amor que profesa el corazón.

Esclavo del pasado que castiga el presente y sentencia el futuro.

Presente vivido con angustia.

Pasado que en recuerdos termina.

Futuro incierto, solo el dolor es seguro.

10-04-11-12:02 am

ÁRBOL DEL OLVIDO

Sentado bajo la sombra del árbol del olvido.

Viviendo de recuerdos que nadie recuerda.

Soñando con momentos que ha otros no les importa.

Pensando, imaginando, soñando, ya nada más tengo de ti.

Deseando que el ultimo día llegue pronto y dejar
en el olvido el sufrimiento del alma.

10-9-11-10:11 pm